초등 글쓰기 워크북

박은주 지음

글쓰기를 하면 기적이 일어난다고요?

◆ **글을 쓰면 사고력이 발달해요.**

글을 쓰기 위해서는 정보를 수집하고 정리하면서 나의 입장에서 해석하고 평가하는 과정을 반복적으로 거쳐야 해요. 이 과정에서 우리는 자연스럽게 생각하는 힘을 기르게 됩니다. 일상에서 겪는 다양한 소재를 나와 연결하며 생각하다 보면 논리적인 사고가 생기게 돼요.

◆ **글을 쓰면 의사소통 능력이 자라요.**

글로는 시간과 공간에 구애받지 않고 언제 어디서나 소통할 수 있어요. 글을 쓰는 과정에서 생각을 정리하면서 정확하게 표현하는 능력이 쑥쑥 자란답니다.

◆ **글을 쓰면 문장력을 기를 수 있어요.**

문장 간의 관계를 생각하면서 이야기를 구성하는 능력이 길러집니다. 세상에 있는 수많은 낱말을 찾고 골라서 나만의 이야기를 만들 수 있어요.

◆ **글을 쓰면 창의력이 높아져요.**

모든 창작 활동은 글쓰기에서부터 시작합니다. 글을 쓰는 사람은 자연스럽게 관찰력이 발달하는데, 관찰을 통해 서로 다른 사물의 공통점을 찾기도 하고, 상상력을 발휘해 나만의 관점으로 재구성하는 능력도 생겨요.

◆ **글을 쓰면 마음이 치유돼요.**

우리는 글쓰기를 하면서 마음을 표현해요. 일상에서 겪은 일이나 내 생각과 느낌을 표현하면서 내 마음을 들여다볼 수 있지요. 복잡한 생각을 글로 정리하면 미처 몰랐던 감정에 대해 위로나 공감, 반성을 하면서 어느새 마음이 가벼워지는 걸 느낄 거예요.

처음엔 어떻게 써야 할지 몰라 막막해도, 매일 하루 10분씩 연습하면 어렵지 않을 거예요. 자, 꼬마 작가로서의 한 걸음을 내디딜 준비가 되었나요?

꼭! 실천할게요!

　　　　[　　　　] (은)는 40일 글쓰기 훈련에 도전합니다.

◆ 매일 10분 이상, 한 줄이라도 글을 쓰겠습니다.

◆ 열심히 노력해서 끝까지 포기하지 않겠습니다.

◆ 하나씩 쓸 때마다 나를 진심으로 칭찬하겠습니다.

[　　　　]의 부모 [　　　　](은)는 40일 글쓰기를

잘할 수 있도록 격려하겠습니다.

[　　　　]가 40일 글쓰기를 잘 마치면

칭찬할 것을 약속합니다.

칭찬 약속 : [　　　　　　　　]

20   년   월   일

학생 [　　　　] (인)   학부모 [　　　　] (인)

목차

글쓰기를 하면 기적이 일어난다고요? … 002

1장 글쓰기 밑천, 어휘력·문장력 키우기

- 낱말을 넣어 문장 완성하기 1 … 008
- 낱말을 넣어 문장 완성하기 2 … 010
- 꼬리따기 낱말 쓰기 … 012
- 여러 가지 문장 완성하기 … 014
- 질문하며 낱말 쓰기 … 017
- 낱말 찾아 문장 만들기 … 018
- 낱말로 이어지는 문장 쓰기 … 020
- 생각과 느낌 쓰기 … 022

2장 사고력 쑥쑥, 아주 작은 글쓰기

- 만다라트 글쓰기 … 026
- 감사 일기 쓰기 … 029
- 브레인 라이팅 글쓰기 … 030
- 칭찬 쪽지 쓰기 … 032
- 부탁하는 글쓰기 … 034

3장 느낌이 생생, 오감 표현 글쓰기

- 감각적 표현 쓰기 … 038
- 색깔로 글쓰기 … 040
- 좋아하는 촉감 쓰기 … 042
- 좋아하는 음식 표현하기 … 044
- 오감 표현 글쓰기 … 046

4장 논리력 반짝, 갈래별 글쓰기

- 관찰기록문: 관찰 일지 쓰기 … 050
- 기행문: 여행 기록 쓰기 … 052
- 생활문: 인상 깊은 일 쓰기 … 054
- 일기: 꾸며 주는 말 쓰기 … 056
- 편지: 30년 후 나에게 … 058
- 논설문: O-R-E-O 글쓰기 … 060

5장 이해력 쏙쏙, 교과서 속 글쓰기

문장 부호 익히기	064
바르게 띄어쓰기	066
동시 바꿔 쓰기	068
설명하는 글쓰기	070
응답하라, 과학 글쓰기	073

6장 상상력 활짝, 책 읽고 글쓰기

내가 읽은 책 이야기하기	078
등장인물에게 칭찬 상장 주기	080
책 속 단어 글쓰기	082
기억에 남는 등장인물 소개하기	084
독서 편지 쓰기	086

7장 창의력 팡팡, 자유 주제 글쓰기

모두가 사라진 교실	090
참새와 허수아비	091
임금님 귀는 당나귀 귀	092
나에게 100만 원이 생긴다면?	093
어느 날, 내가 작아졌어요	096
내가 가지고 싶은 초능력	098

부록

상상하는 자유 글쓰기 목록	102
내 인생을 바꾸는 한 줄 독서 기록	104

순서대로 쓰지 않아도 돼. 쓰고 싶은 것부터 골라 써 보자!

글쓰기 밑천,
어휘력·문장력 키우기

1장에서 배워요!

낱말과 문장은 중요한 글쓰기 재료예요. 여러 가지 낱말을 떠올려 나만의 문장을 만들면 글을 쓰는 즐거움을 알게 될 거예요. 내 안에 잠들어 있던 여러 가지 낱말과 생각을 꺼내어 멋진 문장을 만들어 봐요!

낱말을 넣어 문장 완성하기 1

쓴 날짜: 월   일

◆ 나의 경험을 떠올리면서 [보기]의 낱말을 골라 문장을 만들어 보세요.

보기

엄마	학교	책	장화	가방
컴퓨터	무지개	구구단	하늘	바닷가
축구	알파벳	피자	생일	가을
봄	횡단보도	마트	친구	동생
놀이동산	치과	선물	아빠	외식
아파트	토마토	자동차	치킨	일요일
할아버지	이모	오이	공원	대회
학원	구름	떡볶이	소나기	내 방

소나기   하늘   무지개

" 소나기가 내리고 하늘에 무지개가 떴다. "

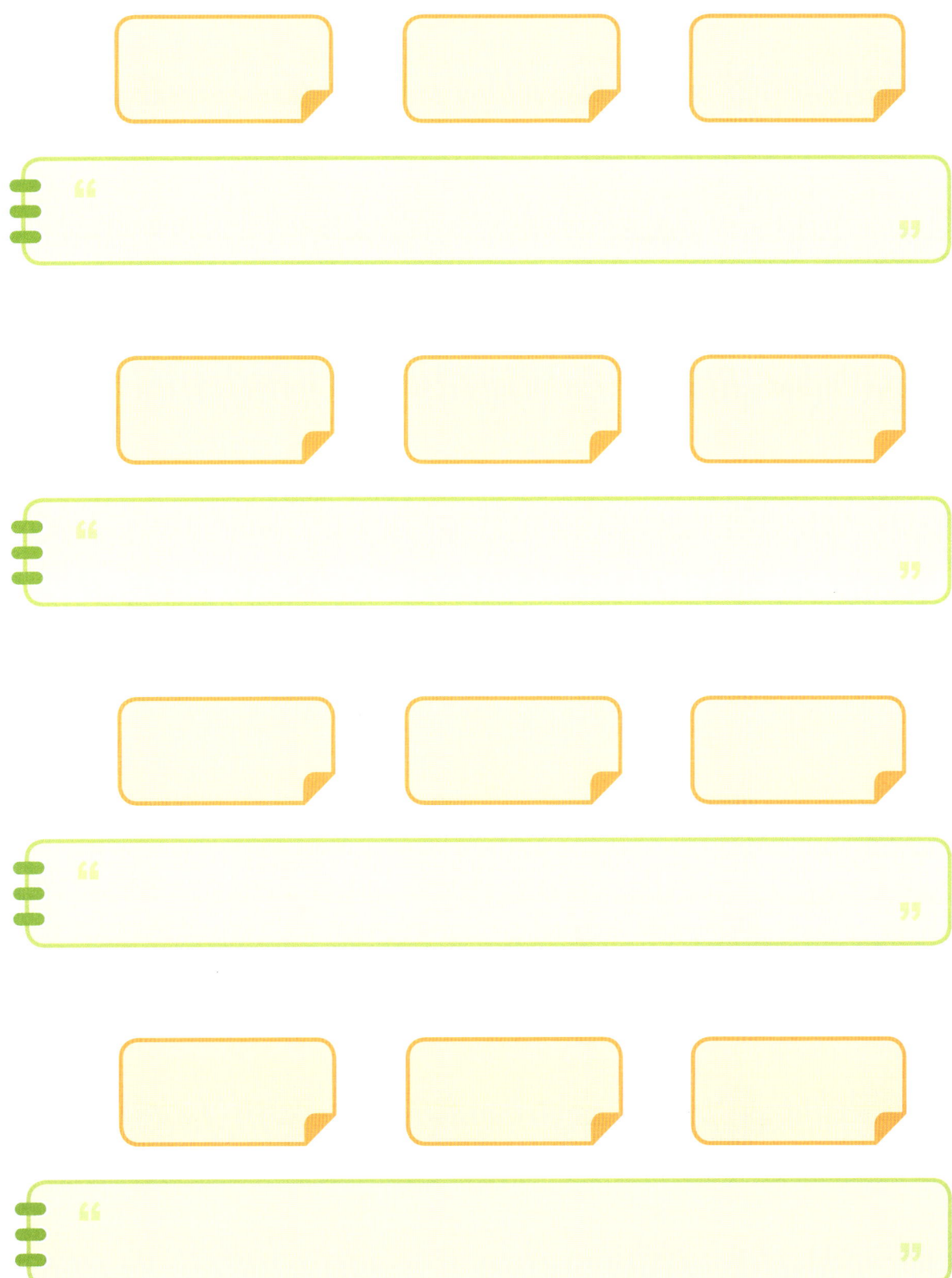

낱말을 넣어 문장 완성하기 2

쓴 날짜: 월   일

◆ [보기]의 낱말을 골라 문장을 만들어 보세요. 낱말 모양을 바꾸거나 추가해도 좋아요.

보기

이름말
놀이공원   김밥   도시락   물
음료수   친구   하마   버스
호랑이   참새   사진   소풍
기분   날씨   간식   웃음소리

동작말
타다   신나다   먹다   만나다
마시다   웃다   가다   달리다
이야기하다   노래하다   보다
놀다   구경하다   소리치다   걷다

소리를 흉내 내는 말
와글와글   꿀꺽꿀꺽   팩팩
왁자지껄   부릉부릉   찰랑찰랑
덜컹덜컹   찰칵찰칵   우당탕
벌컥벌컥   키득키득   쿨쿨

모양을 흉내 내는 말
울퉁불퉁   우걱우걱   살랑살랑
싱글벙글   울긋불긋   오물오물
성큼성큼   허둥지둥   뒹굴뒹굴
반짝반짝   뒤뚱뒤뚱   북적북적

꾸며 주는 말
재미있다   선명하다   신기하다
환하다   매우   참   천천히
즐겁다   열심히   자주   꽤
좋다   작다   크다   화창하다

이어 주는 말
그러므로   그리고   그래서
왜냐하면   하지만   그러나
예를 들어   그런데   게다가
따라서   오히려   결국   또는

친구 놀이공원 가다 즐겁다

"친구와 놀이공원에 가서 무척 즐거웠다."

도움말 문장은 다양한 낱말로 이루어져 있어요. 낱말에는 '어머니', '강아지' 등 어떤 사람이나 사물을 부르는 이름인 말(명사), 동작을 나타내는 말(동사), 어떤 상태를 설명하는 말(형용사) 등이 있어요.

꼬리따기 낱말 쓰기

쓴 날짜:　　월　　일

◆ 내가 좋아하는 낱말을 골라 꼬리따기 낱말 쓰기를 해 보세요.

보기

엄마	구름	강아지
엄마는 착해 착하면 천사 천사는 하얀색 하얀 것은 북극곰 북극곰은 무서워 무서우면 주사 주사는 따가워 따가우면 전기 전기는 찌릿해 찌릿하면 콜라 콜라는 맛있어 맛있으면 스테이크 스테이크는 비싸 비싸면 자동차 자동차는 멋있어 멋있으면 우리 집	구름은 포근해 포근하면 침대 침대는 다양해 다양하면 무지개 무지개는 높이 떠 있어 높으면 한라산 한라산은 제주도 제주도는 좋아 좋으면 할머니 집 할머니 집은 특이해 특이하면 지구 지구는 사람들이 살아 살아 있는 것은 신기해 신기한 것은 우주	강아지는 귀여워 귀여우면 햄스터 햄스터는 조그마해 조그마하면 해바라기씨 해바라기씨는 동글해 동글하면 털 뭉치 털 뭉치는 포근해 포근하면 쿠션 쿠션은 분홍색 분홍색은 복숭아 복숭아는 맛있어 맛있으면 떡 떡은 탱탱해 탱탱하면 내 얼굴

도움말 꼬리따기 낱말 쓰기는 동요 '원숭이 엉덩이는 빨개'처럼 낱말과 비슷한 것을 떠올려서 말을 계속 이어가는 말놀이예요.

◆ 내가 좋아하는 낱말을 쓰고, 닮은 점이 있는 낱말을 생각해 보세요.

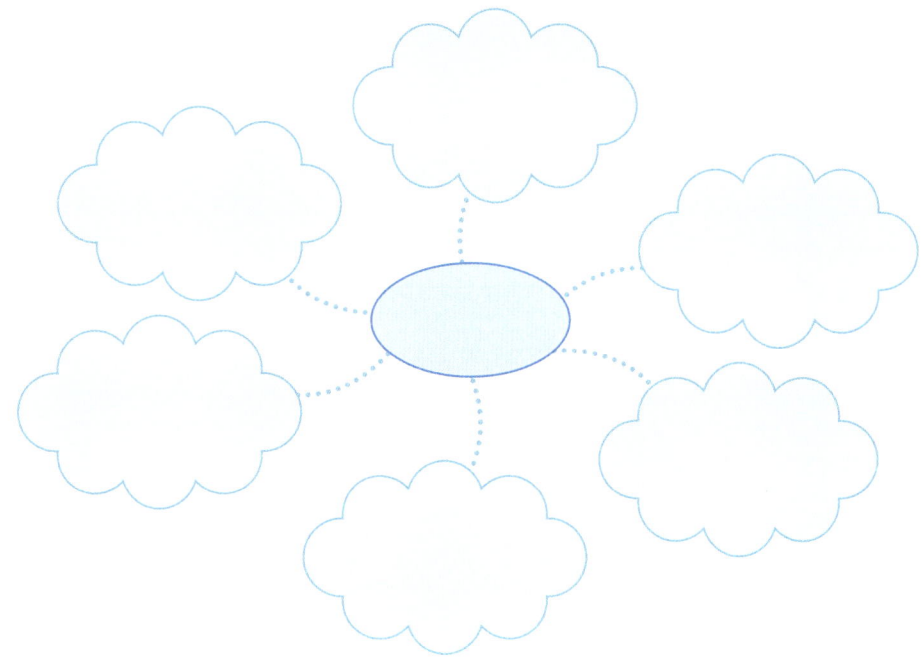

◆ 꼬리따기 낱말을 이어서 써 보세요.

내가 선택한 낱말:

여러 가지 문장 완성하기

쓴 날짜: 월   일

◆ [보기]의 낱말을 넣어 그림에 어울리는 문장을 완성해 보세요.

보기
강아지가   활짝 핀   탑니다

_____ 꽃을 봅니다.

_____ 멍멍 짖습니다.

친구들이 비행기를 _____ .

◆ [보기]에서 알맞은 말을 찾아 빈칸에 쓰세요.

보기			
사르르	신선한	꼬불꼬불한	고소한

해인이는 _____ 라면을 가장 좋아한다.

아이스크림이 혀끝에서 _____ 녹아내렸다.

집에서 _____ 아몬드로 쿠키를 만들었다.

_____ 재료로 만든 샐러드는 몸에 좋다.

◆ [보기]의 꾸며 주는 말을 넣어 문장을 알맞게 완성해 보세요.

보기
노랗게   개굴개굴   맛있는   멋있는   와작와작   쌩쌩   작은   살랑살랑

_____ 수박을 먹었다.

수박을 _____ 먹었다.

_____ 사자가 달린다.

사자가 _____ 달린다.

_____ 개구리가 뛰어올랐다.

개구리가 _____ 울었다.

은행나무가 _____ 물들었다.

은행잎이 바람에 _____ 흔들렸다.

질문하며 낱말 쓰기

쓴 날짜: 월 일

◆ [보기]처럼 질문하면서 단어를 써 보세요.

보기

하나 하면 뭐야? 하늘에 해가 하나야.
둘 하면 뭐야? 우리 엄마 귀가 둘이지.
셋 하면 뭐야? 내 동생 자전거 바퀴가 셋이지.

- 하나 하면 뭐야? _____ (이)가 하나야.
- 둘 하면 뭐야? _____ (이)가 둘이야.
- 셋 하면 뭐야? _____ (이)가 셋이야.
- 넷 하면 뭐야? _____ (이)가 넷이야.
- 다섯 하면 뭐야? _____ (이)가 다섯이야.
- 여섯 하면 뭐야? _____ (이)가 여섯이야.

도움말 질문하며 글쓰기는 단어를 서서히 늘려가면서 문장을 쓸 수 있어요. 내가 좋아하는 동물, 색깔, 모양 등으로도 묻고 대답할 수 있지요. 질문에 답하다 보면 생각의 물꼬를 트게 되어 글쓰기에 자신감이 생긴답니다.

낱말 찾아 문장 만들기

쓴 날짜: 월   일

◆ 우리 주변에서 볼 수 있는 장소와 물건을 생각해서 빈칸에 써 보세요.

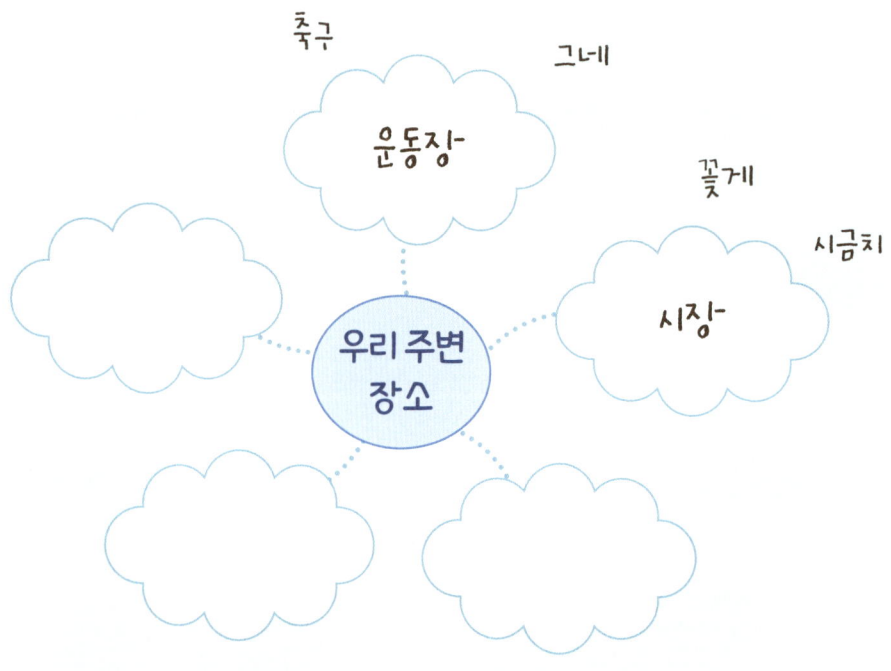

◆ 내가 쓴 낱말을 무작위로 골라 문장을 만들어 보세요.

" 운동장에서 꽃게 한 마리가 기어가고 있다. "

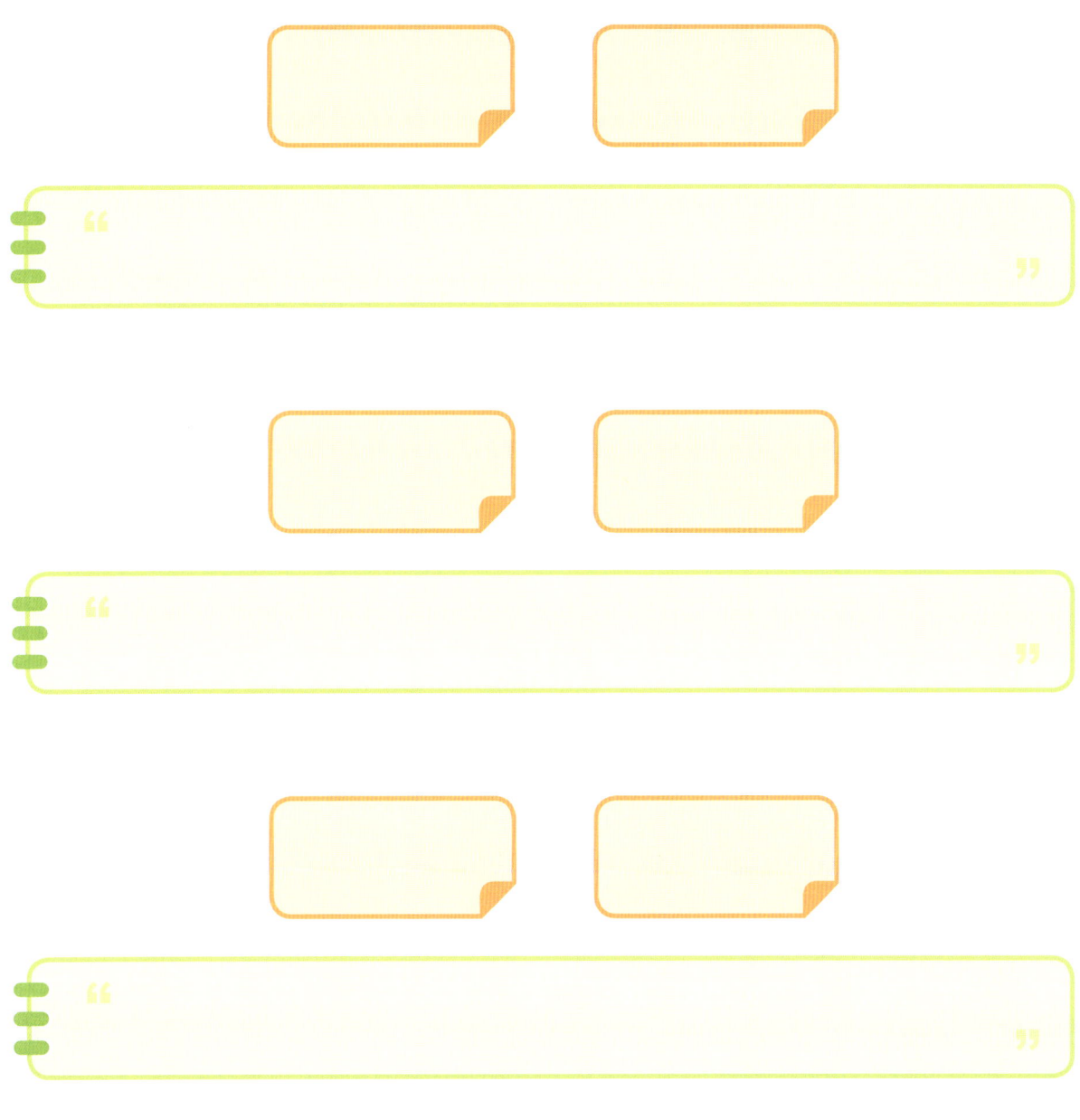

도움말 스스로 문장을 만들면서 문장 구조를 파악하고 문법을 자연스럽게 이해할 수 있어요. 예시처럼 엉뚱한 조합이어도 괜찮아요. 다양한 단어를 조합해 나만의 문장을 만들어 내는 과정을 통해 창의력이 쑥쑥 자란답니다.

낱말로 이어지는 문장 쓰기

쓴 날짜: 월   일

◆ [무지개] 하면 떠오르는 단어를 빈칸에 써 보세요.

<무지개 물고기> 그림책

소나기

◆ 빈칸에 쓴 낱말 중 4개를 골라 아래에 적고, 나의 경험과 생각을 떠올리면서 문장을 만들어 보세요. 문장의 내용이 모두 이어져야 해요.

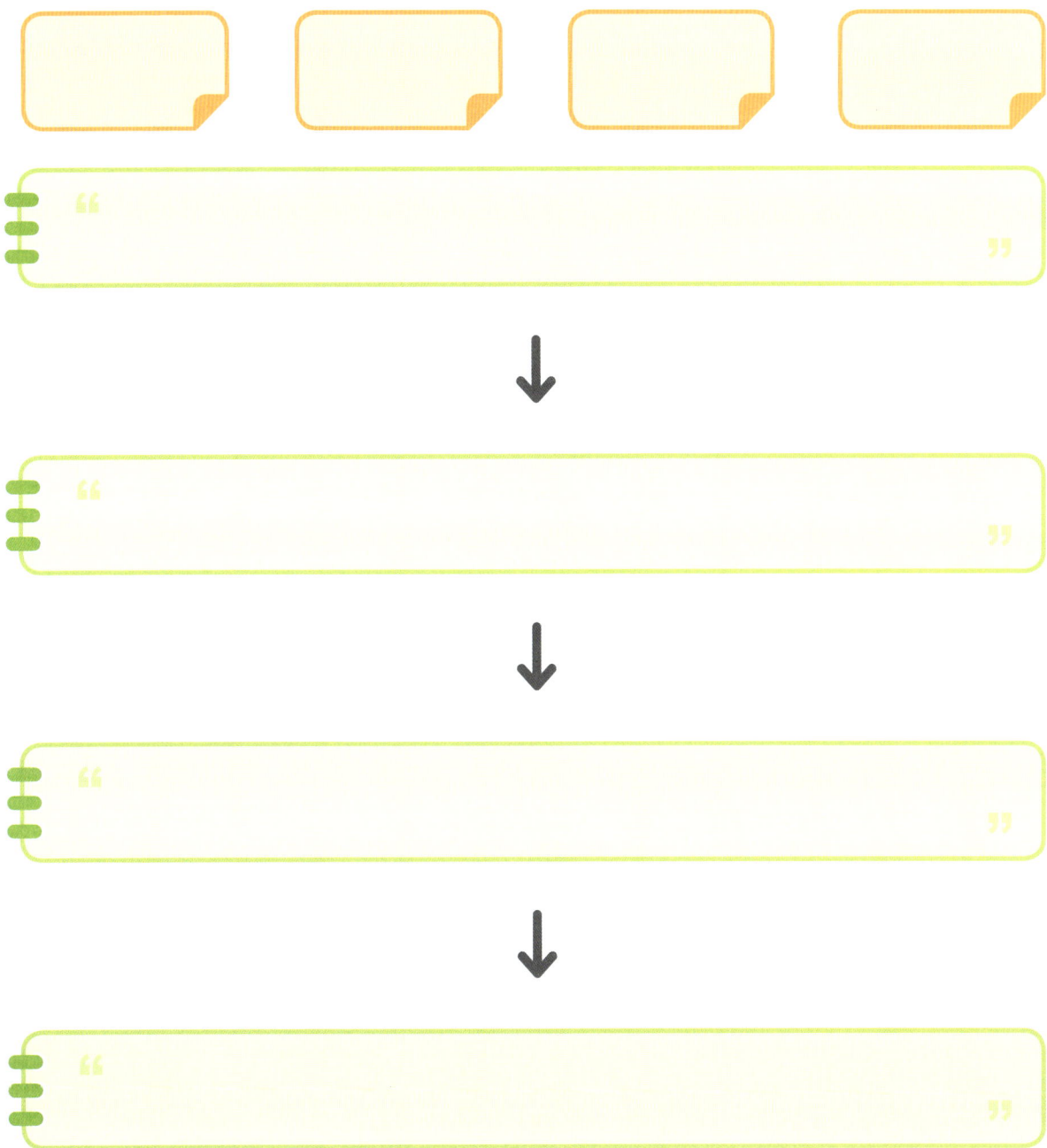

생각과 느낌 쓰기

쓴 날짜: 월 일

◆ 겪은 일(또는 있었던 일)에 대한 생각이나 느낌을 알맞게 선으로 연결해 보세요.

겪은 일		생각이나 느낌
놀이터에 갔는데 그네를 타는 친구들이 많아서 한참 기다렸다	• •	선생님께 혼날까 봐 조마조마하다
가족 여행이 갑자기 취소됐다	• •	지루하다
동생이 열감기로 심하게 앓았다	• •	방아깨비가 불쌍하다
한 달 뒤면 겨울방학이다	• •	걱정된다
생일 파티를 열어 친구들과 하루 종일 놀았다	• •	섭섭하다
어젯밤에 늦게 자서 아침에 지각했다	• •	매일 생일이었으면 좋겠다
짝꿍이 내게 색연필을 빌려줬다	• •	기대된다
친구들이 방아깨비 다리를 잡아 흔들며 놀았다	• •	고맙다

◆ [보기]를 읽고 겪거나 일어난 일에는 <u>파란색 줄</u>을, 생각이나 느낌에는 <u>빨간색 줄</u>을 그어 보세요.

> **보기**
>
> 쉬는 시간에 학교 뒤뜰에서 친구들과 술래잡기를 했다. 서로 술래를 하려고 해서 가위바위보로 정했다. 결국 내가 술래가 되어 기분이 좋았다. 같은 반 친구 지수를 잡았다. 그런데 지수가 안 잡혔다고 우겼다. 분명 잡았는데 안 잡혔다고 하니 억울했다. 그래도 어쩔 수 없이 계속해서 친구들을 잡았다. 결국 우리 반 모두가 내게 잡혔다. 뛰어다니느라 힘들었지만, 내가 술래를 잘 해낸 것 같아 즐거웠다.

◆ 오늘 내가 겪거나 있었던 일 중 특히 기억에 남는 것을 떠올려 써 보세요.

기억에 남는 일	
생각이나 느낌	

도움말 날마다 그날그날 있었던 일 중에서 인상 깊었던 일과 그 일에 대한 본인의 생각이나 느낌을 쓴 글을 일기라고 해요. 경험과 생각·느낌을 구분하면 일기 쓰기가 한결 쉽고 재미있답니다.

사고력 쑥쑥, 아주 작은 글쓰기

2장에서 배워요!

친한 사이에는 쪽지나 편지를 쓰면 마음을 더 잘 전달할 수 있어요. 이외에도 만다라트 글쓰기, 브레인 라이팅 글쓰기, 감사 일기, 칭찬 쪽지 쓰기 등의 짧은 글을 써 보도록 해요. 조금씩이라도 매일 하다 보면 멋진 작가가 될 수 있을 거예요.

만다라트 글쓰기

쓴 날짜: 월   일

◆ 가운데 칸에 나의 꿈을 쓰고, 그 단어를 보고 생각나는 것을 나머지 칸에 채워 쓰세요.

식물 키우기	연구 많이 하기	씨앗 관찰하기
자신감 갖기	나의 꿈 자연 과학자	책 읽기
커서 주택 살기	새싹을 보기	밖에 자주 나가기

	나의 꿈	

◆ 빈칸에 써넣은 단어를 질문으로 바꾸어 적어 보세요.

식물을 잘 키우는 방법이 있을까?	자연과학을 많이 연구하려면 어떤 대학을 가야 할까?	씨앗을 관찰할 때 중요한 건 뭘까?
자신감은 어떻게 생길까?	나의 꿈 자연 과학자	자연과학에 관한 책을 많이 읽으려면 어떻게 해야 할까?
어른이 되어 주택에서 살고 싶으면 어떻게 해야 할까?	주변의 새싹이나 식물을 많이 볼 수 있는 장소는 어디일까?	밖에 나가 자연을 관찰하기 전에 필요한 준비는 무엇이 있을까?

도움말 '만다라트(Mandalart)'는 사각형 9개로 이루어진 표예요. 중앙에 주제를 쓰고 나머지 8칸에 단서를 적지요. '빈칸을 채우고 싶은 심리'를 이용해, 글쓰기 주제를 명확히 하고 다양한 생각을 정리할 수 있어요. 일본의 야구 선수 오타니 쇼헤이가 고등학교 시절 목표 달성표를 만다라트로 썼다고 해요.

◆ 질문에 대한 답을 떠올리면서 나의 꿈에 대해 이야기해 보세요.

> "나의 꿈은 자연 과학자야. 보들보들 나뭇잎, 동글동글 씨앗, 까칠까칠 나무 껍데기를 관찰하는 것을 좋아하지. 나는 내 꿈을 이루기 위해 할 수 있는 한 밖에 많이 나가서 새싹을 보고 식물도 키우고 싶어. 그리고 자연에 관한 책을 많이 읽을 거야. 먼 훗날 커서 꼭 자연과 가까운 주택에서 살고 싶어. 이 모든 것을 이루려면 자신감이 필요해. 잘할 수 있을 거라 믿어."

제목:

감사 일기 쓰기

쓴 날짜: 월   일

◆ 오늘 하루를 보내면서 감사한 일이 있었나요? 감사할 일과 대상을 찾아 구체적으로 써 보세요. 나 자신, 가족, 친구, 선생님, 자연 등 감사의 대상은 무엇이든 될 수 있어요.

◆ 위에서 떠올린 일을 주제로 감사 일기를 적어 보세요.

제목:

브레인 라이팅 글쓰기

쓴 날짜:　　월　　일

◆ 가족과 함께 브레인 라이팅 글쓰기를 해 보세요.

방법

1) '생각 하나'에 순서대로 내 생각을 씁니다.
2) '생각 둘'부터 먼저 쓴 사람의 생각을 보고 새로운 아이디어를 씁니다.
3) '생각 셋'까지 반복한 다음 아이디어를 결정합니다.

생각 주제: 가족 여행은 어디로 가면 좋을까?			
이건 내 생각인데!	생각 하나	생각 둘	생각 셋
나			
엄마			
아빠			

※ 마지막 칸에는 형제, 친척, 조부모님 등 참여한 사람을 자유롭게 적어 주세요.

◆ 모인 의견을 바탕으로 생각을 정리해서 글을 써 보세요.

제목:

> **도움말** 브레인 라이팅은 여러 사람이 주제에 대해 돌아가며 아이디어를 적어 내서 다양한 생각을 모으는 집단 발상법이에요. 아이디어가 떨어질 때까지 모두가 활발히 참여할 수 있어요. 글을 쓰는 동안 다른 사람의 생각을 공유할 수 있어서 토론을 진행할 때도 많이 쓰인답니다.

칭찬 쪽지 쓰기

쓴 날짜: 월   일

◆ 우리 주변에서 칭찬을 해주고 싶은 사람에게 칭찬 쪽지를 써 보세요.

방법

1) 칭찬할 사람을 떠올립니다.
2) 칭찬할 점과 이유를 생각합니다.
3) 내 생각과 느낌을 씁니다.

◆ 친구 이름과 칭찬할 점을 떠올려 예시처럼 완성해 보세요.

친구 이름	칭찬할 점	내 생각이나 느낌
김샛별	교실의 쓰레기를 주워서 휴지통에 버렸다.	누가 시키지 않아도 솔선수범 하는 모습이 참 보기 좋았다.

◆ 정리한 내용을 바탕으로 친구에게 칭찬 쪽지를 써 보세요.

누굴 칭찬하면 좋을까?

전에 샛별이가 쓰레기를 줍는 걸 봤어.

솔선수범하는 모습이 참 보기 좋은걸!

도움말 칭찬 쪽지는 누군가의 좋은 점을 칭찬하고 싶을 때 적는 글이에요. 칭찬할 점을 찾아서 내 생각과 느낌을 간단히 써 주세요.

부탁하는 글쓰기

쓴 날짜: 월 일

◆ 바라는 것이나 하고 싶은 일이 있나요? 주변 사람에게 부탁하고 싶은 것을 떠올려 정리해 보세요.

처음	부르는 말과 인사말	
가운데	부탁할 내용	
	부탁하는 까닭	
끝	부탁을 꼭 들어 주세요	

◆ **주변 사람에게 부탁하고 싶은 것을 글로 써 보세요.**

　　　　　에게

　　　　　　　　　　　　　　　　　　　　　　　년　　월　　일

　　　　　　　　　　　　　　　　　　　　　　　　　　씀

> **도움말** 부탁하는 글쓰기는 누가 누구에게 쓰는 글인지 꼭 밝혀야 해요. 또, 부탁하는 내용과 그 까닭이 분명히 드러나게 써야 하지요. 읽는 사람을 떠올리며 예의 바르게 써 보세요.

느낌이 생생, 오감 표현 글쓰기

3장에서 배워요!

우리는 다섯 가지 감각으로 보고, 듣고, 맛보고, 냄새 맡고, 만지면서 생활해요. 그 감각을 흘려보내지 않고 글로 남기면 보석처럼 빛날 거예요. 오감을 통해 들어오는 정보를 글로 표현하면서 행복한 글쓰기 미션을 완성해 봐요!

감각적 표현 쓰기

쓴 날짜:　　월　　일

◆ 가장 어울리는 말을 [보기]에서 찾아 써 보세요.

보기

단단한	구수한	톡 쏘는
끈적끈적	새콤달콤	사각사각
짭짤한	반짝반짝	향긋한
새빨간	폭신폭신	쿵쾅쿵쾅

- 크리스마스 전구가 _____ 빛났다.

- 화가 난 동생이 _____ 소리를 내며 걸어왔다.

- 더운 날씨에는 _____ 맛의 탄산음료가 제격이다.

- _____ 냄새가 나는 걸 보니 오늘 저녁은 된장찌개인가 봐.

- 아이스크림이 녹아서 손이 _____ 해.

도움말 우리는 눈으로 보고, 귀로 듣고, 입으로 맛보고, 손으로 만지고, 코로 냄새를 맡으면서 사물을 더 잘 알 수 있어요. 이렇게 다섯 가지 감각을 통해 알게 된 느낌을 실감 나게 표현한 것을 감각적 표현이라고 해요.

◆ 사과를 관찰하고 빈칸에 알맞은 낱말을 [보기]에서 골라 쓰세요.

◆ 빈칸에 적은 감각적 표현을 바탕으로 사과를 그림 그리듯이 설명하는 문장을 써 보세요.

사과는

도움말 감각적 표현은 인상이나 느낌을 더 실감 나게 나타낼 때 사용해요. 여러 가지 흉내 내는 말이나 꾸며 주는 말로 표현하지요. 또는 비유적인 표현을 함께 사용해도 좋아요. 비유적인 표현에는 직접 빗대어 나타내는 직유법, 사람이 아닌 것을 사람처럼 나타내는 의인법, '무엇은 무엇이다'로 빗대어 표현하는 은유법이 있어요.

색깔로 글쓰기

쓴 날짜: 월   일

◆ 다양한 감각을 활용하여 색깔을 생각 그물(마인드맵)로 표현해 보세요.

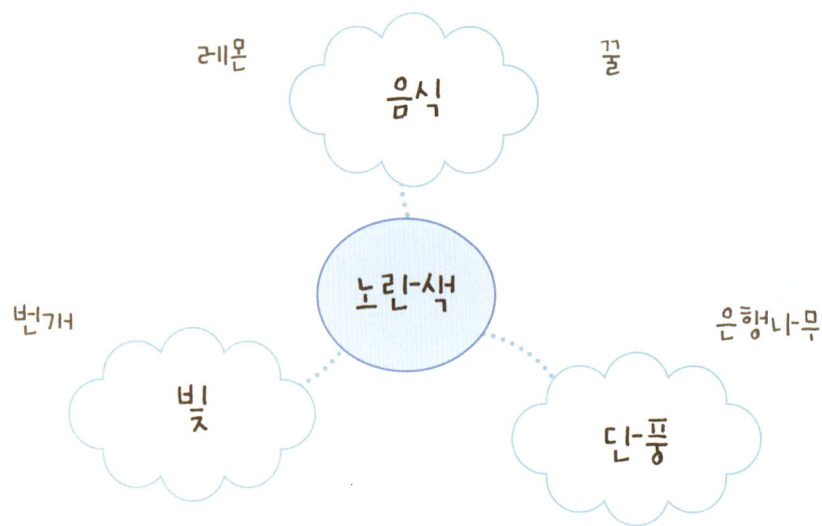

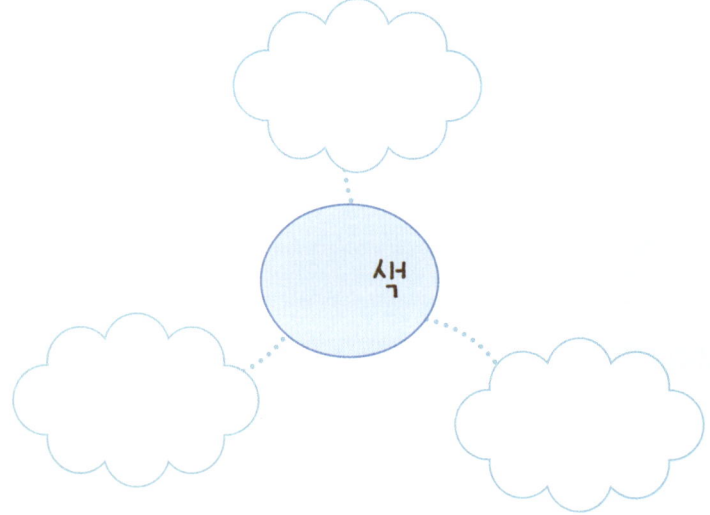

◆ 친구의 시를 읽고, 눈을 감고도 색이 느껴지도록 나만의 시를 써 보세요.

제목: 노란색

끈적거리고 달달한 꿀이 노란색
찌릿거리고 빠직거리는 전기가 노란색
냄새나고 부채처럼 생긴 잎 은행나무가 노란색
약간 둥글고 많이 신 레몬이 노란색
이것이 바로 노란색
눈을 감고도 느껴지는 노란색

제목:

이것이 바로 [　　　　] 색

눈을 감고도 느껴지는 [　　　　] 색

좋아하는 촉감 쓰기

쓴 날짜:　　월　　일

◆ 내가 좋아하는 촉감은 무엇인가요? 빵을 만들려고 밀가루 반죽을 하는 것, 아빠 품에 안기는 것, 감자를 캐려고 흙을 파는 것, 여름날 냇가에서 물놀이하는 것 등등 내가 가장 좋아하는 촉감을 써 보세요.

물컹물컹 물풍선	반질반질 국어책	쫀득쫀득 젤리
보들보들 엄마 귀	내가 좋아하는 촉감	매끈매끈 머리카락
폭신폭신 이불	까칠까칠 나무껍질	질겅질겅 오징어

	내가 좋아하는 촉감	

◆ **친구의 시를 읽고, 내가 가장 좋아하는 촉감을 시로 나타내 보세요.**

제목: 내가 좋아하는 촉감

우리 집 강아지를 만지면 솜털 같이 복슬복슬
눈 만질 때 뽀드득한 촉감
하얀 밀가루를 만지면 스르륵 내려가는 촉감
나도 같이 내려가는 것 같아.
무엇보다도 내가 좋아하는 느낌은
물을 만질 때 시원한 느낌이다.

제목:

좋아하는 음식 표현하기

쓴 날짜: 월   일

◆ 나는 어떤 음식을 가장 좋아하나요? 그 음식을 먹을 때 어떤 느낌이 드나요? 떠오르는 것을 빈칸에 적어 보세요.

분식집	뜨겁다	물
매콤달콤	맛있는 음식 로제 떡볶이	빨간 떡볶이
맛있다	쫄깃쫄깃	우리 엄마

	맛있는 음식	

도움말 음식의 맛뿐만 아니라 냄새, 소리, 식감, 색깔까지 생각해 보세요. 또, 꾸며 주는 말을 사용하면 더욱 생생한 표현이 가능하답니다. 음식에 담긴 추억 등을 떠올려도 좋아요.

◆ [보기]의 시를 읽고, 음식을 먹어 보지 않은 사람도 상상할 수 있도록 실감 나게 표현해 보세요.

제목: 로제 떡볶이

떡볶이다, 맛있는 떡볶이
매콤달콤 짭짤한 빨간 떡볶이
쫄깃쫄깃 떡볶이
먹기도 전에 침이 꿀꺽
오늘 먹은 맵지 않은 로제 떡볶이

너무 뜨거워서
계속 물만 먹는다
엄마는 매운 줄 알고
물에 씻어 주시네
맛없어진 로제 떡볶이

제목:

오감 표현 글쓰기

쓴 날짜:　　월　　일

◆ 표현하고 싶은 물건을 골라 오감(시각·청각·후각·미각·촉각)을 통해 느낀 점을 정리해 보세요.

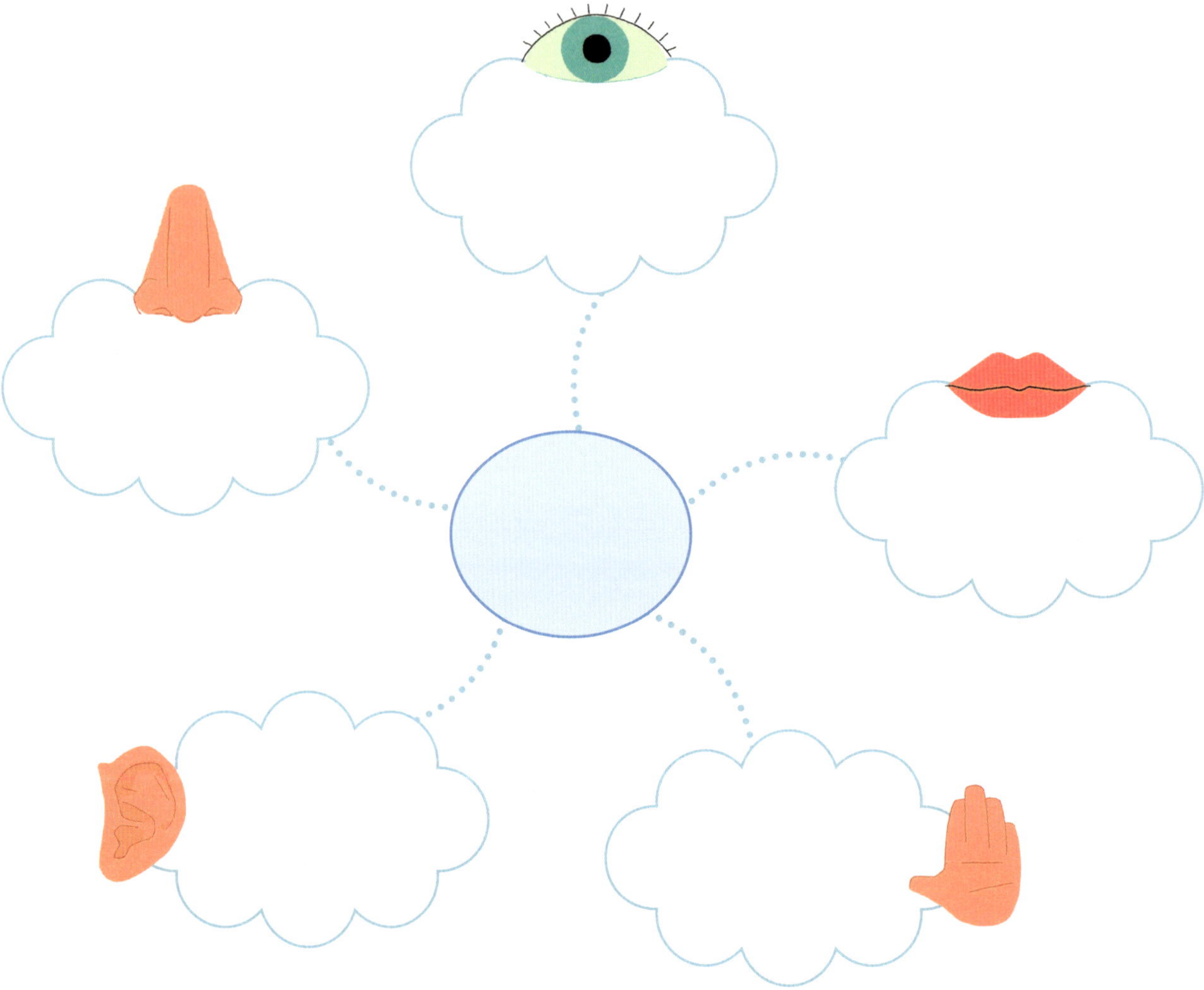

◆ 정리한 내용을 바탕으로 물건을 자세히 표현하는 문장을 써 보세요.

제목: 초콜릿

초콜릿은 여러 가지 모양이 있지만 대부분 납작한 판 모양이에요. 갈색이 가장 많고, 분홍색이나 하얀색도 있어요. 맛과 향기는 달콤하지만 약간 쌉쌀하기도 해요. 손에 계속 쥐고 있으면 녹아서 끈적끈적해져요. 나누어 먹기 위해 부러뜨리면 뚝 하고 소리가 난답니다.

제목:

4장

논리력 반짝, 갈래별 글쓰기

4장에서 배워요!

쓰기는 여러 가지 목적에 따라 글의 갈래가 달라져요. 정보를 전달하는 관찰기록문, 생활을 담는 생활문이나 일기, 마음을 전하는 편지, 의견을 주장하는 논설문 등을 간단히 배워 봐요!

관찰기록문: 관찰 일지 쓰기

쓴 날짜: 월   일

◆ 관찰이란 주변 현상, 사물, 동식물 등을 주의 깊게 살펴보는 것을 말해요. 관찰 대상을 정해 변화를 자세히 관찰하고 기록해 보세요.

관찰 대상 정하기	내가 관찰할 대상과 관찰 장소, 시간, 내용, 방법
관찰 전	내가 이 관찰 대상을 정한 이유

관찰 내용	변화한 정도, 관찰 기록	
	관찰 대상을 오감(시각, 청각, 후각, 미각, 촉각)을 이용해 표현하기	
	관찰 대상 그림	

관찰 후 소감	관찰 후 느낀 점
	앞으로의 계획이나 생각

◆ 정리한 것을 바탕으로 관찰 일지를 써 보세요.

제목:

기행문: 여행 기록 쓰기

쓴 날짜: 월   일

◆ 여행하거나 다녀온 곳에 대한 경험을 써 보세요.

기행문 제목 정하기	다녀온 여행지 이름이나 여행의 목적을 떠올려 제목을 정해 보세요. 제목:
여행 전	여행을 떠난 이유와 목적
여행 중	함께한 사람
	이용한 교통수단
	여행 중 방문한 곳과 느낀 점
	방문한 곳 중 가장 기억에 남는 장소와 활동, 느낀 점
여행 후	여행을 마치고 돌아오면서 느낀 점
	앞으로의 계획이나 생각, 또는 전체적인 소감

◆ **정리한 것을 바탕으로 기행문을 써 보세요.**

제목:

생활문: 인상 깊은 일 쓰기

쓴 날짜:　　월　　일

◆ 올해 내가 경험한 일 가운데 인상 깊은 일을 떠올려 써 보세요.

봄		
여름		
가을		
겨울		

◆ 앞에서 떠올린 일 중 가장 기억에 남는 한 가지를 골라 정리해 보세요.

언제 있었던 일인가요?	
어디에서 있었던 일인가요?	
누구와 함께했나요?	
무슨 일이 있었나요?	
어떤 생각과 느낌이 들었나요?	
마무리로 전체적인 소감을 정리해 보세요.	

일기: 꾸며 주는 말 쓰기

쓴 날짜: 월   일

◆ [보기]에서 오늘의 날씨를 찾아 문장으로 쓰고, 내 생각을 함께 써 보세요.

보기

날씨 종류	날씨를 꾸며 주는 말
하루 종일 맑은	햇님이 하루 종일 웃는 날
맑았다 흐린	햇님과 구름이 사이좋게 술래잡기한 날
흐린	비가 올까 말까 망설이다가 하늘만 시커멓게 흐린 날
구름 많은	세상의 모든 구름이 단체 여행 온 날
바람 부는	세찬 바람에 모두가 날아갈 것 같은 날
비 오는	천둥, 번개가 함께한 빗소리 음악회 열린 날
비 오다 갠	무지개를 볼 수 있을 것 같이 상쾌한 날
눈 오는	친구와 같이 눈사람 만들고 싶은 날

오늘은 _____ 이다.

_____ 라고 생각했다.

◆ 오늘 내가 한 일, 보고 듣고 생각한 것과 어울리는 감정을 [보기]에서 골라 자유롭게 일기를 써 보세요.

보기

감정을 나타내는 말			
고마운	반가운	미안한	힘든
신나는	웃긴	심심한	슬픈
즐거운	사랑스러운	허전한	부끄러운
행복한	궁금한	무서운	속상한
기쁜	설레는	답답한	지루한
뿌듯한	편안한	화난	서운한

20   년   월   일   날씨:

도움말 일기는 날짜, 날씨, 제목, 언제, 어디서, 누가, 무엇을, 내 생각과 느낌이 들어가게 쓸 수 있어요. 여기에 내 감정을 구체적으로 묘사하면 더 깊이 있는 일기가 된답니다.

편지: 30년 후 나에게

쓴 날짜: 월   일

◆ 30년 후 나는 어떤 일을 하고 있을까요? 구체적으로 생각해 보세요.

- 30년 후, 나는 몇 살인가요?

- 30년 후의 나는 무슨 일을 하고 있을까요?

- 30년 후의 나에게 뭐라고 인사하면 좋을까요?

- 30년 후의 나에게 전하거나 묻고 싶은 것이 있나요?

◆ **정리한 내용을 바탕으로 미래의 나에게 편지를 써 보세요.**

받는 사람   30년 후의 　　　　　에게

인사말

전하고 싶은 말

마무리 인사

쓴 날짜   20　　년　　월　　일

쓴 사람   씀

논설문: O-R-E-O 글쓰기

쓴 날짜: 월 일

◆ [보기]를 보고 '하루 10분 글쓰기를 하자'라는 주제로 글을 써 보세요.

보기

O 의견 주장	쉬는 시간을 지키자.
R 이유와 근거	왜냐하면 쉬는 시간을 지켜야 다음 수업 시간을 미리 준비할 수 있기 때문이다.
E 사례와 예시	예를 들어 초등학교 선생님들을 대상으로 면담한 결과 쉬는 시간을 잘 지키는 학생이 수업 태도도 좋은 경우가 많다고 한다.
O 의견 강조	쉬는 시간을 잘 지키는 습관을 바탕으로 지혜로운 학교 생활을 하자.

O 의견 주장	비빔밥은 훌륭한 음식이다.
R 이유와 근거	왜냐하면 내가 좋아하는 재료를 조합해서 나만의 비빔밥을 만들 수 있기 때문이다.
E 사례와 예시	예를 들어 채소를 좋아하는 사람은 채소를 많이 넣고, 고기를 좋아하는 사람은 고기를 많이 넣어 양을 조절할 수 있다.
O 의견 강조	오늘 저녁엔 내가 좋아하는 재료를 넣어 맛있는 비빔밥을 만들어 보자.

도움말 오레오 공식은 하버드 대학교에서 가르치는 논리적인 글쓰기 양식이에요. 적절한 근거와 예시를 들면서 글을 쓸 수 있지요.

Opinion(의견 주장): 하고 싶은 말
Reason(이유 제시): 그 말을 하는 이유 (왜냐하면~)
Example(사례 제시): 여러 가지 예시들 (예를 들어~)
Opinion(의견 강조): 하고 싶은 말 강조, 제안하기

O (의견 주장)

R (이유와 근거)

E (사례와 예시)

O (의견 강조)

제목: 하루 10분 글쓰기를 하자

글쓰기가 왜 필요할까?

글쓰기를 하면 좋은 점은

따라서

라고 생각한다.

5장

이해력 쏙쏙, 교과서 속 글쓰기

5장에서 배워요!

문장 부호, 띄어쓰기 등 규칙에 따라 글을 쓰면 읽는 사람이 쉽고 정확하게 이해할 수 있어요. 다양한 규칙을 익히고, 교과서 속 주제를 생각하면서 재미있게 글을 써 보세요.

문장 부호 익히기

쓴 날짜: 월   일

◆ [보기]를 보고 빠진 문장 부호를 넣어 문장을 바르게 써 보세요.

보기

마침표(.)	쉼표(,)	물음표(?)
문장이 끝날 때 써요	문장과 문장을 구분하거나 끊어 읽을 때 써요	궁금한 것을 물을 때 써요
느낌표(!)	큰따옴표(" ")	작은따옴표(' ')
강한 느낌을 나타낼 때 써요	인물이 소리 내어 한 말을 적을 때 써요	인물이 마음속으로 한 말을 적을 때 써요

얘들아 ☐ 어디서 무슨 냄새가 나지 않니 ☐

"   "

화단에 채송화가 피어 있었다 ☐

"   "

어머나☐ 물속에 가재가 살고 있어☐

" "

북극곰은 어떤 먹이를 가장 좋아할까☐

" "

☐이 정도면 내가 이길 거야☐☐
토끼는 그렇게 생각하고 잠이 들었습니다☐

" "

정답

높는문은 어떤 먹이를 가장 좋아할까? / 이 정도면 내가 이길 거야, 토끼는 그렇게 생각하고 잠이 들었습니다.
어머나, 물속에 가재가 살고 있어! / 훌륭해 세종대왕 피라 있었다. / 아머나 물속에 가재가 살고 있어.

바르게 띄어쓰기

쓴 날짜: 월   일

◆ [보기]를 읽고 문장을 바르게 띄어 써 보세요.

보기

- 낱말과 낱말은 띄어 써요.
- 은, 는, 이, 가, 을, 를, 에서, 처럼, 이다 등은 앞말과 붙여 써요.

추운겨울이지나고봄이왔다.

" "

흥부는박씨를지붕에심었다.

" "

◆ 문장을 읽고, 틀린 부분을 찾아 바르게 고쳐 써 보세요.

오늘 저녁 메뉴는 참치를 넣은 김치찌게다.

" "

날씨가 더워서 얼음이 금새 녹았다.

" "

몇일 전에 읽은 책이 무척 재미있었다.

동시 바꿔 쓰기

쓴 날짜: 월   일

◆ 나의 경험을 생각하며 시를 바꾸어 보세요.

보기

꽃시계

권태응

시계 시계
꽃시계.

똑딱 소리 못 내도
척척 시간 맞추고.

나팔꽃이 피며는
언니 학교 갈 시간.

해바라기 고개 들면
소죽 퍼서 줄 시간.

분꽃이 웃으면
엄마 저녁 할 시간.

시계 시계
꽃시계.

바늘은 없어도
척척 시간 잘 맞고.

제목: 바람시계

시계 시계
바람시계.

똑딱 소리 못 내도
척척 시간 맞추고.

파도 바람이 피며는
울릉도 독도 씻을 시간.

살랑 바람 고개 들면
강아지 밥 줄 시간.

봄바람이 웃으면
엄마 빨래할 시간.

시계 시계
바람시계.

바늘은 없어도
척척 시간 잘 맞고.

보기

구름을 보고

권태응

몽실몽실 피어나는
구름을 보고
할머니는 "저것이 모두 다 목화였으면"

포실포실 일어나는
구름을 보고
아기는 "저것이 모두 다 솜사탕이었으면"

할머니와 아기가
양지에 앉아
구름 보고 서로 각각 생각합니다.

　　　　　　　　　　□□□□ 보고

□□□□ 피어나는
□□□ 보고
□□□ "저것이 모두 다 □□□□ 으면"

□□□□ 일어나는
□□□ 보고
□□□ "저것이 모두 다 □□□□ 으면"

□□□□□
□□□ 에 앉아
□□□ 보고 서로 각각 생각합니다.

설명하는 글쓰기

쓴 날짜:　　월　　일

◆ 내가 가장 소중하게 여기는 물건을 떠올려 자유롭게 써 보세요.

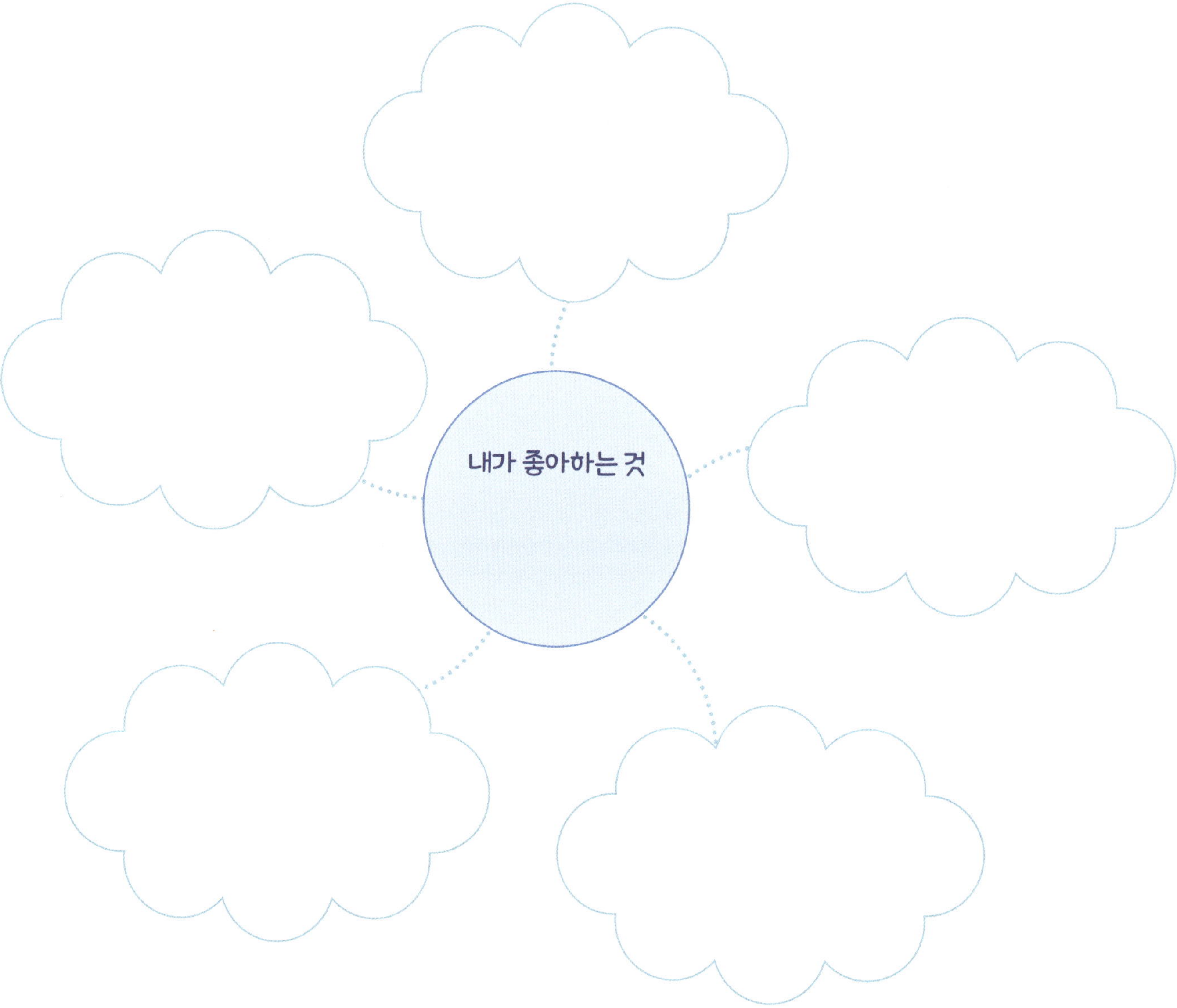

내가 좋아하는 것

◆ 내가 소중하게 여기는 물건은 어떤 특징이 있는지 정리해 보세요.

보기

| 색깔 | 크기 | 촉감 | 생김새 | 냄새 |
| 맛 | 사용법 | 좋은 점 | 주의할 점 |

좋은 점 : 작아서 어디든 가지고 다닐 수 있다.

◆ 정리한 내용을 바탕으로 내가 소중하게 여기는 물건을 설명하는 글을 써 보세요.

제목:

> **도움말** 설명하는 글을 쓸 때는 읽는 사람이 궁금해할 내용을 먼저 생각해야 해요. 또 이해하기 쉽도록 여러 가지 특징이 잘 드러나게 그림을 그리듯 설명하면 좋아요.

응답하라, 과학 글쓰기

쓴 날짜: 월   일

◆ 인터넷에 다음과 같은 질문이 올라왔어요. 질문에 답해 보세요.

Q 우리 집 화분은 도자기예요. 모양도 예쁘고 단단하지만, 너무 무거워서 옮기기 힘들지 뭐예요. 쓰기 좋은 화분을 추천해 주세요.

[검색]

• 질문자가 말한 물건은 무엇인가요?
  ① 화분

• 무엇으로 만들어져 있나요?
  ②

• 그 물질을 사용했을 때 좋은 점은 무엇이 있을까요?
  ③

• 그 물질을 사용했을 때 불편한 점은 무엇이 있을까요?
  ④

• 어떤 물질로 새롭게 만들면 좋을까요?
  ⑤

• 새로운 물질의 좋은 점은 무엇인가요?
  ⑥

◆ 정리한 내용을 바탕으로 추천하는 글을 완성해 보세요.

A

질문자가 말한 ② _____ (으)로 만든 ① 화분 은(는)

③ _____ 좋습니다. 하지만 ④ _____

_____ 불편한 점도 있지요. 그래서 저는 ⑤ _____

(으)로 만든 ① 화분 을(를) 추천합니다. ⑥ _____

_____ 좋기 때문입니다.

◆ 우리 주변에 있는 물건 중 새로운 물질로 만들고 싶은 것이 있나요? 자유롭게 떠올려 써 보세요.

• 내가 생각한 물건은 무엇인가요?
  ① _____

• 무엇으로 만들어져 있나요?
  ② _____

• 그 물질을 사용했을 때 좋은 점은 무엇이 있을까요?
  ③ _____

- 그 물질을 사용했을 때 불편한 점은 무엇이 있을까요?

  ④

- 어떤 물질로 새롭게 만들면 좋을까요?

  ⑤

- 새로운 물질의 좋은 점은 무엇인가요?

  ⑥

◆ 정리한 내용을 바탕으로 추천하는 글을 써 보세요.

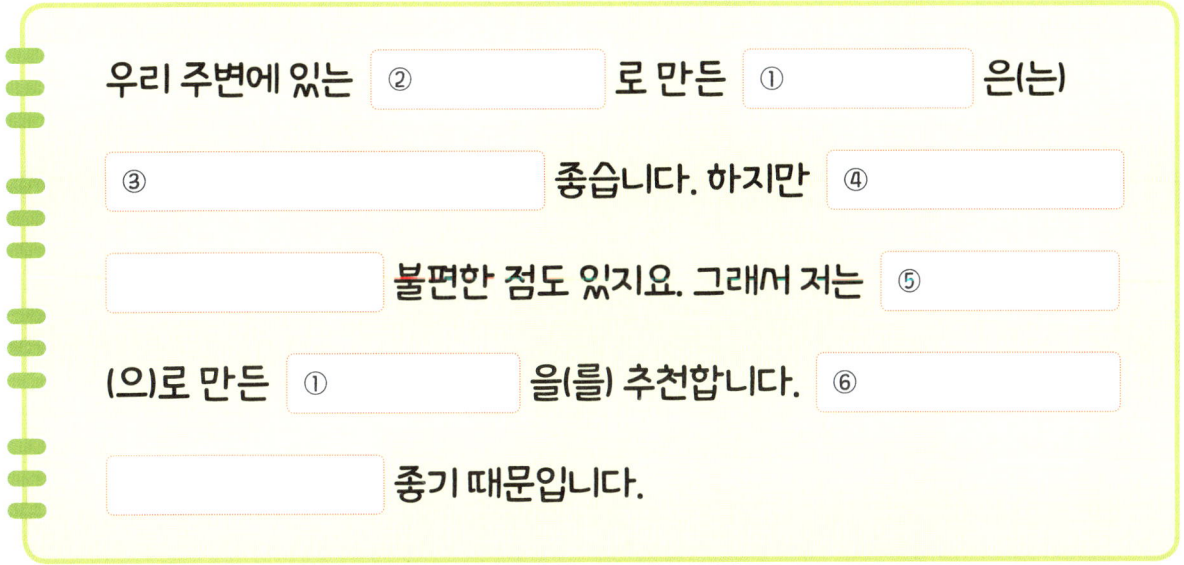

우리 주변에 있는 ② 로 만든 ① 은(는)

③ 좋습니다. 하지만 ④

불편한 점도 있지요. 그래서 저는 ⑤

(으)로 만든 ① 을(를) 추천합니다. ⑥

좋기 때문입니다.

도움말 과학 글쓰기는 생각을 정리하는 게 특히 중요해요. 떠올린 아이디어를 명확하고 논리적으로 표현해야 읽는 사람도 왜 이런 결론이 나왔는지 쉽게 이해할 수 있기 때문이에요. 또, 더 멋진 아이디어나 새롭게 궁금한 점도 생길 수 있답니다.

6장

상상력 활짝, 책 읽고 글쓰기

6장에서 배워요!

친구들이 새로운 경험을 하거나 새 책을 읽을 때마다 모두 느낀 점이 달라요. 새롭게 알게 된 것을 글로 정리하고, 그것에 대한 내 생각과 느낌을 써 보세요. 매일 새알심(새롭게 알게 된 것과 내 마음)을 쓰다 보면 분명 더 넓은 세상을 만나게 될 거예요.

내가 읽은 책 이야기하기

쓴 날짜: 　 월 　 일

◆ 재밌게 읽은 책을 소개해 보세요.

책 제목	
처음	이 책을 읽게 된 이유
	이 책의 내용
가운데	가장 감동적이거나 기억에 남는 장면
	그 장면에 대한 내 생각과 느낌
	내가 주인공이라면 어떻게 했을까요?
끝	이 책에서 배운 점
	이 책을 읽은 나의 다짐

◆ 소개한 내용을 바탕으로 독서 감상문을 써 보세요.

제목:

등장인물에게 칭찬 상장 주기

쓴 날짜: 월   일

◆ 책 속 등장인물 중 한 명을 골라 칭찬할 점을 떠올리고, 칭찬 상장을 써 보세요.

책 제목	
등장인물 이름	
칭찬할 점	첫째, 둘째, 셋째,

제 [　　] 호

상　장

[　　] 상　　성명 [　　]

이 책의 등장인물 [　　] 는(은)

[　　　　　　　　　　] 하여

이 상장을 주어 칭찬합니다.

20 년　월　일

상 주는 사람 [　　]

책 속 단어 글쓰기

쓴 날짜:　　월　　일

◆ 내가 읽은 책의 제목을 쓰세요.

| 제목 | |

◆ 책을 읽으면서 본 단어를 써 보세요.

| 책상 | 힘차게 | 눈 |
| 서점 | 곰인형 | 이용하다 |

◆ 책에서 본 단어를 넣어 자유롭게 문장을 만들어 보세요.

| 곰인형 | 크리스마스 선물로 내가 좋아하는 곰인형을 받았다. |

도움말 책을 읽고 새로 알게 된 단어를 기록하면 어휘력을 자연스럽게 확장할 수 있어요. 그 단어를 문장에 적용하는 과정에서 의미와 사용법을 깊이 이해하게 되지요. 이처럼 핵심 단어를 이해하면 독해력이 높아지고 내용과 개념을 빠르게 파악하는 데 도움이 된답니다.

기억에 남는 등장인물 소개하기

쓴 날짜: 월   일

◆ 읽은 책 중에서 소개하고 싶은 등장인물이 있나요? 등장인물을 그려 보세요.

책 제목:

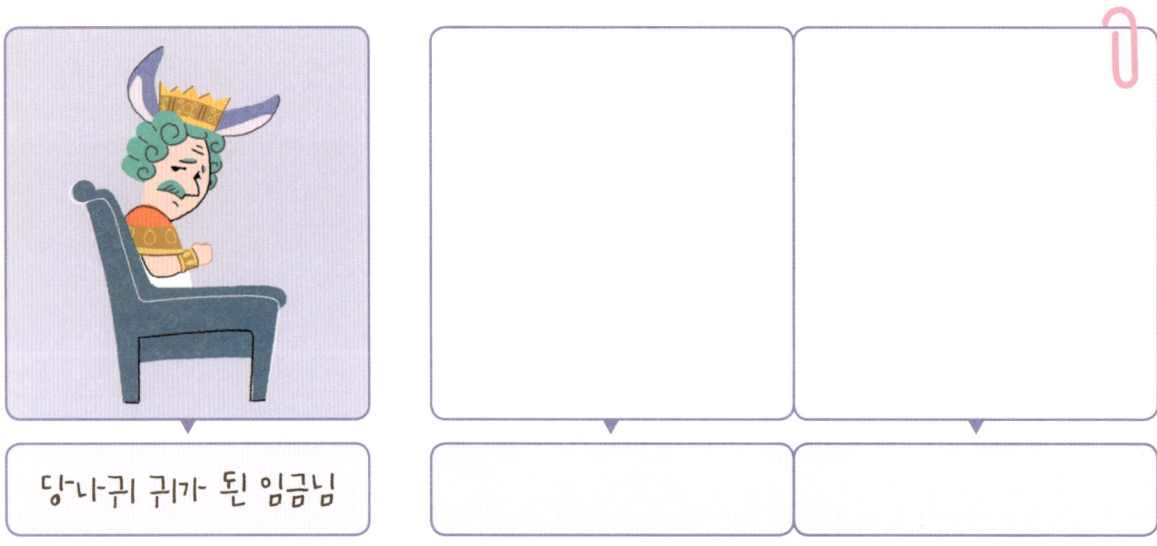

당나귀 귀가 된 임금님

◆ 그 등장인물의 가장 기억에 남는 장면과 그 까닭을 써 보세요.

기억에 남는 장면	
기억에 남는 까닭	

| 그 장면에 대한 나의 생각 | |

◆ 정리한 것을 바탕으로 등장인물을 소개하는 글을 써 보세요. 한 일을 설명하거나 좋은 점을 칭찬해도 좋아요.

도움말 그림을 함께 그리면서 글을 쓰면 시각적 이미지가 더해져서 감정을 떠올리기 쉽고, 한결 솔직하게 쓸 수 있어요. 등장인물이 한 일을 떠올리면서 재미있게 소개해 보세요.

독서 편지 쓰기

쓴 날짜:　　월　　일

◆ 책을 읽고 난 후 내가 좋아하는 사람에게 편지를 써 보세요.

내가 읽은 책 제목	
소개하고 싶은 사람	
그 사람을 고른 이유	
소개하고 싶은 내용	
추천하는 말	

도움말 독서 편지는 책을 읽고 난 감상을 편지 형식으로 쓰는 거예요. 책 주인공(등장인물)에게 편지 쓰기, 작가에게 편지 쓰기, 친구나 가족에게 소개 편지 쓰기 등 다양하게 쓸 수 있어요. 나는 어떤 책을 읽고 누구에게 편지를 쓰고 싶나요?

◆ 편지 형식에 맞추어 내가 읽은 책을 소개해 보세요.

받을 사람	에게
첫인사	
하고 싶은 말	
끝인사	
쓴 날짜	20 년 월 일
쓴 사람	씀

창의력 팡팡, 자유 주제 글쓰기

7장에서 배워요!

자유 주제 글쓰기란 한 가지 주제를 정해 내 생각과 느낌을 자유롭게 쓰는 거예요. 글을 쓰면서 자연스럽게 생각이 깊어진답니다. 주제와 관련된 나의 경험, 생각, 상상력을 끌어내 보세요. 연습하고 생각할수록 더욱 깊은 글을 쓸 수 있어요.

모두가 사라진 교실

쓴 날짜: 월   일

◆ 쉬는 시간이 되자마자 운동장에 뛰어 나가서 신나게 놀았어요. 즐겁게 놀다가 교실로 돌아오니 텅 비어 있었습니다. 곧 수업이 시작되는데 모두 어디 간 걸까요? 도대체 우리 반 친구들과 선생님에게 무슨 일이 일어난 것일까요? 상상하여 써 보세요.

제목:

참새와 허수아비

쓴 날짜: 월   일

◆ 여름 내내 논밭에서 참새를 쫓던 허수아비가 있었어요. 어느새 가을이 되어 추수가 끝나니 새들도 놀러 오지 않습니다. 아무도 없는 들판에 혼자 남은 허수아비는 무슨 생각을 하고 있을까요? 까닭을 들어 내 생각을 써 보세요.

제목:

임금님 귀는 당나귀 귀

쓴 날짜: 월   일

◆ <임금님 귀는 당나귀 귀> 속 임금님은 당나귀 귀 때문에 고민이에요. 속상한 임금님에게 무슨 말을 하면 좋을까요? 까닭을 들어 내 생각을 써 보세요.

제목:

나에게 100만 원이 생긴다면?

쓴날짜:　　월　　일

◆ 나에게 갑자기 100만 원이 생긴다면 무슨 일을 할 수 있을까요? 까닭을 들어 내 생각을 써 보세요.

- 어디서 갑자기 100만 원이 생겼을까요?

- 100만 원을 어떻게 쓰고 싶나요?

- 그 이유는 무엇인가요?

- 돈을 쓰고 난 후 어떤 일이 생겼을까요?

기부	아이돌 콘서트	핸드폰
멋진 학용품	내게 100만 원이 생긴다면?	시계
옷	예쁜 인형	스포츠카

> **제목:** 나에게 100만 원이 생긴다면?
>
> 나를 예뻐하시는 삼촌이 세뱃돈으로 100만 원을 주셨을 것 같다. 나에게 100만 원이 생긴다면 바로 쇼핑몰에 가서 사고 싶은 시계, 인형, 연필, 필통, 옷 등을 모두 살 것이다. 집이나 스포츠카도 사고 싶지만 너무 비싸서 안 될 것 같다. 그리고 어려운 친구들에게 기부할 것이다. 아파서 머리카락이 없는 친구들에게 가발을 사서 기부해 주고 싶다. 남은 돈으로 핸드폰을 사고, 무엇보다 아이돌 콘서트에 가고 싶다. 좋아하는 아이돌을 직접 보고 싶기 때문이다. 나에게 100만 원이 생긴다면 하고 싶은 일이 정말 많다. 돈을 다 쓰고 나면 무척 행복할 것이다.

	내게 100만 원이 생긴다면?	

제목: 나에게 100만 원이 생긴다면?

어느 날, 내가 작아졌어요

쓴 날짜: 월   일

◆ 내가 주변 물건보다 작아진다면 어떻게 될까요? 상상력을 마음껏 발휘해서 그림을 그리고 이야기를 만들어 보세요.

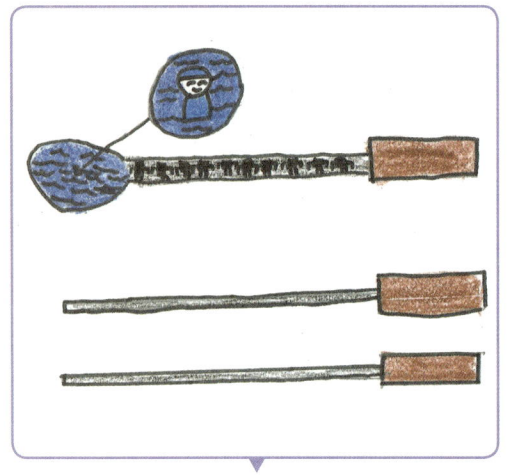

내가 숟가락보다 작아진 모습

내가 우산보다 작아진 모습

내가 인형보다 작아진 모습

내가 컵보다 작아진 모습

제목:

내가 가지고 싶은 초능력

쓴 날짜: 월   일

20○○년 ○월 ○일 ○요일

어디로든 이동할 수 있는 능력이 생긴다면 어떻게 할 건가요?

먼저 우주에 가고 싶다고 생각해서 우주여행을 할 것이다. 우주에서 무중력 상태로 날아다니기도 하고, 여러 가지 행성을 구경하거나 별을 만져 보고 싶다. 우주선이 나를 보면 깜짝 놀랄 것이다.

20   년   월   일   요일

내가 가지고 싶은 초능력은 무엇인가요?
그 초능력이 생긴다면 어떻게 할 건가요?

부록

상상하는 자유 글쓰기 목록

◆ 책 속 이야기 외에도 다양한 글쓰기 주제가 있어요. 매일 마음에 드는 주제를 골라 글을 써 보세요. 어느새 글쓰기 실력이 쑥쑥 늘어 있을 거예요.

	질문 내용
1	나의 부모님은 어떤 분인가?
2	나에게 가장 소중한 것은 무엇인가?
3	내가 좋아하는 물건 5개와 그 이유는?
4	내가 먹고 싶은 요리를 만들어 보고 느낀 점은?
5	20년 후 나의 모습을 상상한다면?
6	30년 후 나의 자식에게 편지를 쓴다면?
7	부모님의 손바닥, 발바닥을 본뜨고 자세히 관찰하여 일기 쓰기
8	10분 동안 수건으로 눈을 가리고 활동한 소감은?
9	내가 존경하는 사람의 인터뷰를 한다면?
10	오늘이 나에게 마지막 날이라면?
11	세상에서 제일 무서운(재미있는) 이야기는?
12	내가 키우고 싶은 반려동물은?
13	100년 후, 내 비석이나 무덤 앞에 쓰고 싶은 묘비명은?
14	관찰한 동·식물을 돋보기로 보듯이 아주 자세하게 기록한다면?
15	나의 오늘 하루를 부모님께 편지하듯 자세히 묘사한다면?
16	나만의 걱정이나 고민이 있다면?
17	시장에 가서 사람들을 보고 느낀 점을 쓴다면?
18	오늘 내가 실천한 선생님께 칭찬받을 일 10가지
19	내가 투명 인간이 된다면?
20	내가 가수가 된다면 어떤 노래를 부를까?
21	타임머신을 타고 가고 싶은 곳은?

22	알라딘의 마술 램프가 세 가지 소원을 들어준다면?
23	지금까지 가장 슬펐을 때는?
24	친구가 눈물나게 고마웠을 때는?
25	내가 받고 싶은 어린이날 선물은?
26	내가 동물과 이야기할 수 있다면?
27	다툰 친구와 화해하는 나만의 방법은?
28	나의 가장 친한 친구에게 전하고 싶은 말은?
29	칭찬하고 싶은 친구는?
30	내가 가장 소중히 여겼던 장난감이나 물건은?
31	교실 책상·의자는 밤에 무슨 생각을 할까?
32	점심 급식에서 순금 덩어리가 나왔다면?
33	우리 반에 외계인이 전학 왔다면?
34	졸업하기 전에 학교에서 꼭 배우고 싶은 것은?
35	지금까지 가장 기분이 좋았던 꿈은?
36	어느 날 내 눈이 보이지 않는다면?
37	내 인생 최초로 좋아했던 사람은?
38	지우개로 할 수 있는 놀이 설명서가 있다면?
39	500년 후, 우주여행을 할 수 있다면?
40	아무도 없는 무인도에 가져갈 물건 3가지는?
41	거짓말이지만 꼭 하고 싶은 거짓말 3가지는?
42	다시 태어난다면 어떤 사람으로 태어나고 싶은가?
43	자고 일어나니 판다가 되었다면?
44	내일 지구가 멸망한다면 오늘 하고 싶은 일은?
45	유창하게 말하고 싶은 외국어와, 그 언어로 하고 싶은 일은?
46	30년 뒤에 같은 반 친구를 다시 만난다면?
47	남북통일이 되었다는 뉴스가 나온다면?
48	일 년 내내 방학이라면?
49	소금, 후추, 가위, 판다, 바나나가 모두 등장하는 이야기를 짓는다면?
50	지렁이와 친구가 되는 방법은?

내 인생을 바꾸는 한 줄 독서 기록

◆ 독서 기록은 내 생각을 남기고 책을 얼마나 이해했는지 확인할 수 있어서 무척 중요해요. 읽은 내용을 기록으로 남기면 기억에도 오래 남는답니다. 책에서 어떤 점이 마음에 들었는지, 무엇을 배웠는지 나만의 메모를 완성해 가면서 책 읽는 즐거움을 느껴 보세요.

번호	날짜	읽은 책	느낌과 생각	별점
1	월 일			☆☆☆ ☆☆
2	월 일			
3	월 일			
4	월 일			
5	월 일			
6	월 일			
7	월 일			
8	월 일			

9	월 일			
10	월 일			
11	월 일			
12	월 일			
13	월 일			
14	월 일			
15	월 일			
16	월 일			
17	월 일			
18	월 일			
19	월 일			
20	월 일			

문해력과 창의력을 키우는 40일 글쓰기 여행
10분 완성 초등 글쓰기 워크북

초 판 발 행 일	2024년 12월 26일
발 행 인	박영일
책 임 편 집	이해욱
저 자	박은주
편 집 진 행	박유진
표 지 디 자 인	김도연
내 지 디 자 인	김세연
발 행 처	시대인
공 급 처	(주)시대고시기획
출 판 등 록	제 10-1521호
주 소	서울시 마포구 큰우물로 75 [도화동 538 성지 B/D] 9F
전 화	1600-3600
홈 페 이 지	www.sidaegosi.com
I S B N	979-11-383-8136-9(73700)
정 가	12,000원

※이 책은 저작권법에 의해 보호를 받는 저작물이므로, 동영상 제작 및 무단전재와 복제, 상업적 이용을 금합니다.
※이 책의 전부 또는 일부 내용을 이용하려면 반드시 저작권자와 (주)시대고시기획 · 시대인의 동의를 받아야 합니다.
※잘못된 책은 구입하신 서점에서 바꾸어 드립니다.

시대인은 종합교육그룹 (주)시대고시기획 · 시대교육의 단행본 브랜드입니다.